COISAS DO CORAÇÃO

JOANA AMORIM

COISAS DO CORAÇÃO

autografia

EDITORA AUTOGRAFIA
Rio de Janeiro, 2016

EDITORA AUTOGRAFIA
Editora Autografia Edição e Comunicação Ltda.
Av.Rio Branco, 185, sala 2105 – Centro
Cep: 20040-007
Rio de Janeiro

Capa: Guilherme Peres
Editoração eletrônica: Breno Moreira

Coisas do coração
AMORIM, Joana

1ª Edição
Março de 2016
ISBN: 978-85-68511-91-6

Todos os direitos reservados.
É proibida a reprodução deste livro com fins comerciais sem prévia autorização do autor e da Editora Autografia.

Sumário

Já sou sua..13

Dupla paixão....................................14

A alma é a ponte...............................15

Eu quero..16

Quem pode?....................................17

Mulher..18

Uma vida de luta..............................19

Dor...20

Se fosse possível..............................21

Pensamentos...................................22

Duas faces......................................23

Incerteza..24

O que eu sinto.................................25

Pedido de socorro............................26

Confie em mim................................27

Pedido...28

Amo você 29

Melancolia 30

Já não posso. 31

O que fazer? 33

Como falar de Amor? 34

Tua face. 35

Conhecendo o amor. 36

O amor 37

O fim. 38

Meu sonho 39

Pensando em você 40

Dia chuvoso 41

Compreenda-me 42

Luz 43

Meu desejo. 44

Perfeição 45

Liberdade 46

Se fossem minhas 47

Plenitude. 48

Tomou conta de mim. 49

Imagem. 50

Poderia ser assim. 51

Queria que entendesse..........................52

Falar de você....................................54

Até encontrar você 55

A brisa..56

Por que não eu? 57

Infância..58

Cantar..59

Dúvida 60

Meu pensamento em ti 61

Como eu queria 62

Não sai de mim..................................63

Um dia sem você 64

Para que compreendas 65

Apaixonei-me por você.........................66

Lamentações.....................................67

Quem me dera 68

Dor de amor 69

Diferente...70

Insegurança......................................71

Por viver 72

Lembranças 73

Querer-te...74

Estar com Deus 75
Meu desabafo 76
Não encontro 77
Ar puro 78
Apagou-se a luz 79
Ficar só 80
Tristeza 81
Engano 82
O que há? 83
Aqueles olhos 84
Entre mim e você 85
Viver 86
Tenho saudades 87
Minha vida é uma confusão! 88
Mais um dia de melancolia 89
Opostos 90
Apenas uma vez 91
Hoje vi você 92
Desilusão 93
Declaração no papel 94
Amar-te 95
Perda de tempo 96

Brincadeira sem sentido 97

Amargura 98

Doação 99

Ouça 100

Dia dos namorados 101

Data especial 102

Invasão 103

Desconhecido 104

Jeito de amar 105

Posso te falar? 106

Desculpe-me por me apaixonar 107

O sono 108

Contraste 109

Paixão desenfreada 110

Te espero 111

Meu querido 112

Recordações 114

Que Paixão é Essa? 115

Por que de tudo? 116

O desejo de você 117

Dias de luz 118

Felicidade ou algo assim 119

Não é apenas pelo prazer 120

Coragem 121

Meu refúgio 122

A dor de pensar em você 123

Meu almejo 124

Arrependimento 125

Sou tua 126

Nossos caminhos 127

Envolvi-me 128

O medo 129

Estar com você... 130

Seja você sempre 131

Vá embora 132

Não esqueço você 133

Quero que esteja aqui 134

Estar feliz 135

Sentir você 136

À deriva 137

Sem você 138

Eu errei 139

Foi você 140

Meu espelho 141

Descrever um pensamento.......................142
Descrever o amor............................143
Meus sentidos...............................144
Preciso.....................................145
Sonhar com você.............................146
Não sei.....................................147
Que saudade!................................148
Amar.......................................149
Cadê você?..................................150
Falta de você...............................151
Juro que não queria.........................152
Não entendo.................................153
Sofrer por você.............................154
Queria você aqui............................155
Quem é você?................................156
Você é especial.............................157
Não sei por que.............................158
Importante para mim.........................159
Tristeza....................................160
Eu quero....................................161
Ter você....................................162
O que faço sem você?........................163

O que seria do amor?............................164

Lembrar.....................................165

Que falta me faz.............................166

Meu sentimento..............................167

Vejo você....................................168

Amarei você 170

Minha vida 171

Hoje encontrei você novamente 173

É meu em pensamento 174

A vida 175

Estranha reação 176

Amor e ódio 177

Quero te falar de sonhos......................178

Um novo dia chuvoso........................179

Esperança da minha vida 180

Minha Mãe..................................181

Vou descrever você... 182

Meus tesouros...............................183

Já sou sua

De quem é a voz
Que embala o meu sono
E ouço pela manhã?
De quem é o sorriso faceiro
Que não se controla quando me vê?
De quem é o brilho nos olhos
Toda vez que falo de amor?
Será daquele que se alegra
Apenas quando ouve minha voz?
Quando lhe dou um beijo,
Ou quando dou um bom dia.
De quem é essa doçura que também acompanha a rispidez?
A falta de tato, mas não por falta de carinho
Nem tampouco por maldade, mas por ser assim
Desse jeito romântico e perspicaz, que é o coração
Para quem entreguei o meu amor e não me responde
Queria dizer que já sou sua por direito,
O direito de amar.

Dupla paixão

Como pode se apaixonar
Duas vezes pela mesma pessoa?
Como se entende olhar pela segunda vez
E enxergar um novo amor
Aquele mais sereno, mais límpido,
Onde a gente se encontra
Entende-se com as dores
E esquece o que passou de ruim
É assim...
Um olhar mais intenso, mais doce
Onde o perfume ao longe
É só um detalhe casual
Existe um amor dentro do outro
Um mais amedrontado e retraído
E o outro mais voraz e impetuoso
Assim que reencontrei o amor
Amando sem medo e sem ressentimentos passados
Entregando-me de vez.

A alma é a ponte

A alma é a ponte
Entre o amor e o ódio
A paz e o destino
É a coisa mais perfeita e sensível
Que alguém poderia sentir
É o encaixe perfeito para o corpo
Não como uma tampa ou feixe
Mas como a união mais esperada de todos os tempos
A complexidade do que não se pode tocar
E do que se pode sentir
A nuance de esperar o inesperado
De completar o que está imperfeito
Ela é doce como o mel e louca ao mesmo tempo
É o início e o fim de um todo
A junção entre o bem e o mal
É a forma que encontrei
Para encontrar o amor da minha vida
Em todas as minhas vidas e nesta.

Eu quero

Quero viver o presente sem mágoas
Mas o passado é tão recente
Quando no presente é que vivo
Quero falar de vida, vivendo
De paixão, apaixonada
De felicidade quando ela chegar
Quero escolher uma nota para que a canção seja a mais bela
Não apenas uma letra, mas uma linda melodia
Quero atender ao pedido do meu coração
E seguir o caminho que ele escolher, mas sem falsos tropeços
Quero anunciar ao mundo o meu sonho
Mas quando a realização dele chegar
Quero me vestir de luz para que as trevas não me vejam
E queiram me aprisionar em uma vida que não é minha
Quero dormir em seus braços, tocar sua pele
Acordar com o aroma e a essência do seu corpo
Para poder me achar em você
Quero ouvir seus pensamentos para te conhecer melhor
Quero me tornar parte da sua vida
E lhe tornar parte da minha, agora ou até quando durar.

Quem pode?

Quem pode amar quando não se sabe?
Quando tudo parece errado e não se acha uma saída
Quando os caminhos não se cruzam e se perdem?
Quando os pensamentos são contrários
E não se sente o outro como antes
Quem pode saber de tudo?
Não precisamos entender tudo sempre!
E não podemos esperar tudo
Temos que agradecer por algo
Que por algum motivo ainda não temos, mas está próximo
Quem pode perceber quando de fato está com a razão?
Ou até se precisa haver uma razão para cada fato!
Quem pode declarar guerra ao destino se é dele que vivem
E é nele que guiamos nosso passo?
Quem pode não se entregar? Quando o amor acontece!
Quem pode?

Mulher

Queria eu, simples mortal, descobrir a essência do homem
O que o satisfaz num todo
Ou o que alimenta seu ego
Se o amor é capaz de tocá-lo por completo
Assim como toca a delicada alma de uma mulher
Que acalma e atormenta os sentimentos mais secretos
De nós, seres sensitivos e geniosos
O que faz de nós o sexo frágil? Nada!
Quem disse que somos frágeis?
Somos sensíveis ao extremo, sim!
Loucamente emotivas e choronas? Claro!
Mas por dentro também temos sangue de um guerreiro
Temos a forma mais especial e válida
De sentir tudo que nos rodeia
Somos semideusas de alma mista
E insensivelmente corajosas.
Lutamos pelo nosso casamento,
Pelos nossos filhos, pelos nossos ideais
E pelo motivo mais recompensador:
O Direito de sentir e de dar amor.

Uma vida de luta

Vivo enfrentando barreiras contínuas
Buracos e rochas enormes para poder ser feliz
Luto contra o que não posso ver e até pelo que posso
Acordo feliz e às vezes triste
Durmo triste e acordo feliz
Encontro no sono o repouso
E, ao abrir os olhos, a tormenta me invade
Almejo o amor imperfeito, o mais sincero aos olhos de Deus
Não desejo muito e nem o que é impossível
Quero apenas a paz para viver e continuar a minha jornada
Fazer alguém muito feliz, porque acho que fui designada para isso
Envolver-me sem restrições ou medo
Interceder por alguém e não querer nada em troca
Olhar nos olhos do homem que escolhi e dizer: ufa, você chegou!
Dizer a ele que serei o tipo de amor que se entrega sem venda
nos olhos
Um amor liberto!

Dor

Que dor é essa que corrói,
Enche os meus olhos de lágrimas
E meu coração de agonia?
Que desocupa o lugar do sorriso
E esconde de mim a alegria?
Embriaga a minha vida
Com sensações sem direção
Como um bêbado na estrada?
 Na vida boêmia quero levar
Dor que fraturou minha alegria
E contundiu minha esperança
Que me faz ter os piores sentimentos possíveis
Onde me apego nas lembranças
As mais puras e inesquecíveis
Para não desistir ou esquecer-me do sonho.

Se fosse possível

Se fosse possível dar-te tudo que eu tenho
Entregaria de vez sem lamentar
Sem culpa, sem medo.

Se necessário fosse sacrificar-me
Faria sem em nada pensar
Para tê-lo aqui sempre.

Se nada fosse possível
Guardar-te-ia para sempre em meu coração
Até esquecer essa separação cruel.

Se são os meus carinhos
Que fazem teus momentos de felicidade
Volto para ti para que possa tê-los.

Pensamentos

Penso no que possas pensar
Ou no momento em que crio
Sem fingir, sem cogitar.

Se promete, é porque fará
O que um dia assim fez
O que é meu é da vida.

Quando movimenta os lábios
Mente para os meus olhos
Que se fecham aos sonhos.

Medo? Talvez eu tenha
Dessa falta de paz
Agonizante, rígida, que nos ordena.

Só quero a ti agora
Uma ilusão e uma lembrança
Uma história e uma vida.

Duas faces

Se coração existe em ti,
Retiro minhas palavras
E discordo do que dizem de ti.

Por mais que eu não creia
Aceito sem pergunta oculta
E espero ser por tu aceita.

Não discordo, não posso
Por mais que te ame
Certeza não tens do que vejo.

Que encontres a resposta
Sem ajuda de ninguém ou de nada
Pois será que mereces alguma ajuda?

Humilde para alguns, uma falha para outros
Quem te entende como eu?
Para mim és uma perfeição, é assim que te vê os meus olhos.

Incerteza

Quem me dera
Se ávida fosse uma espera
Que de linda também é severa.

Tão longe é o óbvio
Que a certeza demora a ver
A achar a saída do que é louco.

Se puro é o que sente
Quem sou eu para duvidar
Não posso ler sua mente.

São ternas as minhas palavras
Que para mim inspira a viver
Rezo para que possa senti-las.

Saíram da alma num suave momento
Direto para a mente e caminharam para os dedos
E transferidas concretamente para esse desfecho.

O que eu sinto

Vejo as estrelas e choro
Fecho os meus olhos e sinto
Ouço uma música e me acalento.

Puxo a saudade e junto o sofrimento
Retraio os meus sentidos e minto
Fico triste, só, e é verdadeiro o meu sentimento.

Você, algo que quero
O seu corpo, um desejo
Com a sua falta, sobra o silêncio e o abandono.

Quando comigo fala, penso: que palavras irão sair?
Se me olha, imagino: o que deve pensar?
Quando me beijar sentirá coisas que não daria para imaginar!

Seu sorriso é um raio de luz e calor
Que me aquece e me queima ao mesmo tempo
Mas fazer o quê? Se a dor vem junto com o amor?

Pedido de socorro

É um apelo e um grito
De um jeito sofrido e calmo
Onde me expresso.

Não importa se não gostas
O que tenho é só meu
É meu refúgio, minha vida.

Maneira de dizer que te amo
Que não preciso estar perto para isso
Eu sinto e só, e é lindo.

Quero que aceites o fato
E não espero nada em troca
Mas fica com a dúvida, não me importo.

Não entendo muito de sorte
Nem mesmo de destino
Mas acredito que vou ser salva dessa vida que mais parece à morte!

Confie em mim

Se são definitivas suas palavras
O que me resta é esperar
Ou então escondê-las.

Para que possa me entender
Basta olhar em meus olhos
E o que quiser, então, verá.

Por mais difícil que ache
Peço que confie em mim
Creia na verdade, vá em frente!

Pois ela límpida, branca
Assim como o que há no fundo de nós
Enfim dessa minha alma agora desolada.

Que chame de vida viver assim triste
Nessa trilha por onde anda em busca de algo
Para achar a liberdade de sentir, ser gente.

Pedido

Sei do que preciso...
E não é de um corpo quente para frio,
Ou de uma noite, um momento vazio.
Preciso de vida, de esperança
De um sorriso faceiro
De uma palavra sincera.
Quero declarar meu amor
Onde sou desejada
Onde não haja dor
Se a ilusão é chamada de palavra,
Não a usarei mais para o que sinto agora
A substituirei por outra mais amena.
Quero apenas a realidade
Nada de esperar pela saudade,
Vou atrás da veracidade
Vou à procura da luz
E pedir aos céus por mim e pelos outros.
Minha esperança de salvação me conduz,
Sentimentos esses que passam
Que abalam as minhas estruturas
E os mesmos sobrevivem e voam...

Amo você

Amo você quando acordo
E quando vou me deitar.
Amo você quando fechos os olhos
E também quando os abro.
Amo você pela manhã
E também quando chega a noite.
Amo você por tudo
E também por nada.
Amo você sem sentido
Mas por algum motivo.
Amo você pelo que é
E pelo que pode ser.
Amo você por estar aqui
E também quando está longe.
Amo você por amar
E por ser você especialmente
A melhor coisa que aconteceu por eu amar.

Melancolia

Que peso imenso em meus olhos
Que os deixa sem vontade
De enxergar a realidade
Ao invés de sonhos.

Como me posso sentir tão vazia
Se não tenho tanto do que sofrer
Quando meus pensamentos vagam
Pensando no que faria.

Se meu corpo não pensasse
E minha razão se desviasse
Quando a solução fosse nítida
Seria se o coração falasse?

Como ser branda a saudade
Se as cicatrizes não saram
Se a tristeza aumenta
Se minha vida está sem cor?

Já não posso

Como posso virar o rosto
Quando o que desejo
É tocar e sentir você,
Deixando livre o meu corpo?

Como posso não ver
Se você é a razão dos meus olhos enxergarem
E a condição essencial
Para eu querer lhe ter?

Como posso pensar, raciocinar
Se o que faço é temer,
Se não tenho coragem
E nem força para tentar não lembrar?

Como posso desviar-me
Se você é quem me hipnotiza
Sem pedir licença
Que me ordena, porque não me segue?

Como posso não resistir
Se a tentação é tamanha
Que me tenta ao prazer
E não deixa eu me redimir?

O que fazer?

Como posso crescer
Se meu coração de criança
Ainda toma as decisões
No lugar da razão?
Como posso ajudar
Se ainda preciso de ajuda?
Como não ofender
Se a vida só tem desilusões?
Queria poder medir as palavras
Para nunca magoar
Quero só passar o amor,
Mas meu espírito só encontra mágoas.
Queria apenas a felicidade,
Buscar a paz e viver em harmonia comigo mesma.

Como falar de Amor?

Como posso falar sobre o amor
Se minhas palavras são duras,
Meus pensamentos vazios
E meu sentimento transtornado?

Como senti-lo
Se estou sensível
E quase fria como neve
Se meus lábios estão ressecados?

Como posso ter a paz
Se sou a primeira
A desordenar tudo?
Se o mundo para mim é escuro?

Como pedir perdão
Se só o que faço
É magoar e ofender
Se o meu sentimento apenas fere
Ao invés de curar seu coração?

Tua face

Que bela é tua face
Onde mora meus pensamentos
De onde vem teus encantos
Que me congela com uma frase.

É um tormento, no entanto
Não fujo da mesma
Pois é o que louca me deixa
Por ser obscura em um momento.

Fujo, pois não suporto
Fingir que estou segura
Não importando nada
Contento-me com o medo.

Como é bela tua face
Que me provoca e me desorienta
Entristece-me e me alegra
Tão bela é que vive e em mim permanece.

Conhecendo o amor

Queria poder o amor conhecer
Para poder falar de amor
Poder sentir para oferecer.

Queria poder olhar nos olhos
E reconhecer a verdade
Queria poder esclarecer os erros.

Queria poder saber dividir
E não ser tão egoísta
Dar e não esperar retorno, não me iludir.

Queria usar boas palavras
E poder substituí-las
Para não ter coragem de expor-me a elas.

Queria amar plenamente
Sem cobrar ou esperar algo
Queria ser feliz e isso somente.

O amor

Crueldade e dor
Ferida que não cicatriza nunca
Angústia, amargura e fracasso
Pesadelo sem sonhos
É um imenso mar de escuridão
Onde as trevas são o fim de tudo
Um patamar entre o Céu e o Inferno
Faz pensamentos bons virarem males
Suplício, adiantamento da morte da alma
Alguns dizem ser vida, outros nem tanto
Alguns acham que é a salvação de tudo
Aprisiona a razão do jeito mais vil
E faz o coração perder o rumo
Em seguida destrói a felicidade
Só o que resta é a lembrança.

O fim

Quem me dera...
Se todas as coisas boas fossem eternas
Se o amor fosse único a uma pessoa.

Quem me dera...
Se os sentimentos fossem todos concretos
E só existisse a magia.

Quem me dera eu ser perfeita
Para não ter medo ou insegurança
E poder viver dentro de uma redoma.

Não quero mais este mundo
Prefiro viver dormindo
E para sempre sonhando.

Meu sonho

Sonho em ensinar
Repassar minha fascinação
Pelas palavras combinadas e descombinadas
Quando a caneta deslizar.

Naquele papel branco
Que se transformará em um poema
Com palavras doces e sem sentido
Como o movimento de um balanço.

Ensinar a respirar poesia
Dormir e acordar sonhando
Passar dias ouvindo música
Para que entenda a magia.

Daquele tom inexplicável e suave
Que só a sensibilidade ouve
E declarar para o mundo
O que me aflige.

Pensando em você

Às vezes me pego pensando em você
Escuto sua voz sussurrando
Baixa e leve no meu ouvido
Pedindo-me para lhe ter.
Sinto meu corpo estremecer
Toda vez que ouço seu nome
E nas vezes em que o vejo
Nesse momento não sei o que fazer
Penso que no inferno vou perecer
Quero tê-lo mais que nunca,
Mas o dia não chega
Minha boca fica seca
Meu corpo transpira e
Meu pensamento congela
É nesse momento que me perco
Quero apenas me entregar
Perder-me em você de vez
E não mais me achar em ninguém.

Dia chuvoso

Chove lá fora, faz frio
E a única coisa que me aquece
São as lembranças que tenho
Do tempo em que eu tinha você
E que mais nada importava
Do tempo que o amor
Não era mais uma coisa à toa
E os sentimentos eram importantes
De uma época em que o sonho
Era um plano de vida a dois
E que as emoções eram mútuas
De um presente importante
Que reproduzia um futuro feliz
E que as ilusões eram tomadas
Como uma lição de vida
Para que os erros não fossem
Cometidos várias vezes
Havia sinceridade e compreensão
E o único erro era não se entregar.

Compreenda-me

Não sabia...
Que sua imagem pudesse sair
Dos meus pensamentos
E cair na realidade
Pudera eu fazer dos meus desejos
Motivos para não sonhar tanto
Quisera eu fazer chover na hora certa
Usar as palavras na hora certa
E me calar na hora certa também
Queria sentir o orvalho tocar o meu nariz
E dividir isso com você
Esses sentimentos que vêm direto do coração
Pra mim são os mais complexos
E os mais desafiadores quando se trata de você.

Luz

É sua a branda voz singela
Que surta os meus pensamentos
Que me isola e me encanta.

Brilha como a luz do dia
Que me cega, transparece
Constrói em mim a magia.

Atormenta os meus desejos
Faz-me sonhar com a lua
E me faz escutar o som dos pássaros.

Para que não me achem, fujo das sombras
Faço de conta que sou forte
Para que não saibam das minhas fraquezas.

Meu desejo

Faço do desejo almejo atrito
Pois já não o perdoo
Não sei, não consigo.

Pergunto a mim mesma
Por que a mágoa?
Não consigo, não respondo.

É terno, límpido e sossegado
Marcas que vêm de dentro
Que as guardo, escondo.

Beijar-me, eu deixo
Pois me eleva ao seu mundo
Onde me encontro como princesa e me encanto.

Perfeição

Se fácil fosse falar de você
Descreveria assim, modestamente
Com todos os detalhes sem precisar abrir os olhos e ver
Se um resumo eu fosse fazer
Descreveria com paixão suas qualidades, seus defeitos
Não trocaria uma parte sua
Mesmo quando elas ficam expostas
Até mesmo se me irritam por diversas vezes
Descrevo você como um fio de lã que aos poucos
Torna-se um belo agasalho que me aquece do frio
Ou até posso lhe comparar com uma flor
Com pétalas suaves e aveludadas assim como
Algumas palavras que saem da sua boca quando está feliz
Ou como seus espinhos que me ferem quando está triste
Mas prefiro compará-lo com o sol
Preciso por toda a minha vida, mas me queima
Quando me aproximo demais sem proteção alguma.

Liberdade

É sentir a paz invadir o peito
Andar de pés no chão
É abrir novos caminhos.

Se clara é essa luz do dia
Espero até que chegue a noite
Para ver a estrela guia.

É ter o prazer de sorrir
Quando tem vontade
Sem ter que se retrair.

É saber viver, sem se culpar
Olhar para cima
Sem nas pessoas pisar.

Quero o céu azul, límpido
O ar puro
E você do meu lado.

Se fossem minhas

Queria fazer de você
Parte de mim
Para que completa fosse
A minha felicidade.

Queria eu, poder mudar
Esse seu jeito estranho
De não se entregar
De se afastar de tudo.

Dizem que você...
Não tem sentimentos
Não me importa
As palavras que não são suas.

Sei que não é perfeito
E para que seria?
Se é mesmo assim
O homem que amo você!

Plenitude

Motivo de espanto, susto
É isso que sinto
Quando da tua imagem lembro.

Se é inseguro o teu medo,
Não mais o tenho
Pois não consigo.

É só meus olhos fecharem
Que penso em ti
Por não te achar.

Há o que demais existe,
De bom, de doce
Tudo o que deve.

Ter por dentro
E brilhante por fora
Para que seja pleno.

Tomou conta de mim

Não sei por quê...
Meus olhos não conseguem
Mais sair da sua direção
Não sei por quê
Meu corpo treme quando
Está perto do seu
Queria saber o que você tem
De tão especial
Que consegue virar a
Minha cabeça de uma vez,
E tomou de vez o espaço
Que estava vago em meu peito,
Que só esperava você...
Para preenchê-lo de felicidade.

Imagem

Sua imagem...
É como um sonho vivo,
Que aquece meu sono
E me alivia a alma
Transparece como a água,
E me ilumina
Como as estrelas
Nasceu por um olhar,
O primeiro e o único.
Aquele que demonstra
Os sentimentos mais secretos,
Os que torturam,
E ao mesmo tempo
Acalmam o coração.
O desejo, sim,
Mas não me culpo,
Por deixar transparecer
O que há de puro,
Em mim,
Por você.

Poderia ser assim

Poderia ser tua;
Assim como o sol
Pertence ao dia,
Assim como a lua,
À noite,
Assim como o coração,
Ao amor.
Poderia ser tua...
Simples razão de viver
Poderia com um beijo,
Fazer-te feliz...
Queria ser tua,
Como queria que tudo
Fosse sempre azul.
Queria te chamar de amor
Não só com os lábios
Mas com a alma e o coração.
Para que tudo fosse completo
E imortal.

Queria que entendesse

Não podes entender
O que é sentir
Por não querer.

Se acaso tentasses
Não se arrependerias
Se gostasses.

És vivo, intenso,
Sentimento esse inútil
Aos teus olhos, vive perdido.

Mar esse de dúvidas,
Que se desespera
Por não serem tuas.

Decisões do coração
Por não escolher
Entre a ilusão e a razão.

Mostrar o caminho,
Para que encontre de vez
A felicidade comigo.
Não tenho medo

Se te amar é experimentar
Todas as coisas boas e ruins
Já não me importa agora
O que será da minha vida,
Se estiver ao meu lado.
O que temes,
Quando me olhas nos olhos e esconde-se?
O que tenho que te assustas?
O que vês em mim?
Para que demores a aceitar
O que tento te dar,
Com toda liberdade possível.
Para que possas compreender
Que a vida não será menos vivida,
Se apaixonar-te, se quiseres.

Falar de você

É você...
Dono dos meus sonhos
Mapa dos meus olhos
Que só seguem o caminho dos seus
Bússola do meu coração
Onde segue sempre para o meu norte
Que são os seus braços
Uma fronteira que tento cruzar
Para ir até o seu encontro
Minha fonte de inspiração
Para que eu fale não só de amor
Mas da dor de amar e das suas contradições
Mas o tema sempre é você.

Até encontrar você

Dizem que as coisas que vêm de dentro
São tão fortes que não precisam de palavras
Quando são verdadeiras vão além da vida
Até mesmo de outras vidas e as que estão por vir
É dito com gestos simples como um olhar
Um beijo, um abraço, um toque
Eu descobri que o sofrimento
Não é uma forma de desilusão
Mas a esperança de encontrar uma coisa maior
Alguém especial para dividir a vida
Deixar a emoção tomar conta de tudo
Mas não esquecer que a razão nos faz sãos
Abrir a porta do coração para alguém entrar.

A brisa

Sinto a brisa, fecho os olhos
Penso ligeiramente em você
Olho as estrelas, tenho sonhos

Vivo o momento, a súplica
De não poder segurá-lo
Quando chega a morte sombria

Se fizer um pedido, apelo
Para que eu possa recebê-lo
E me aqueço em seu colo

Se não consigo, me abato
Por perder o seu caminho
E achar o escuro

Se ficar triste, durmo
Para que a noite seja breve
E o dia traga boas notícias logo!

Por que não eu?

Por que não eu?
Por que não posso escolher?
Por que tanta falta de paz?
Por que tanta dor no meu peito?
Por que não é fácil a cumplicidade?
Por que dói tanto a saudade?
Só quero amar em paz e ser amada do mesmo jeito
Beijar com sinceridade de olhos fechados
Fazer amor com transparência
Ser retribuída da mesma forma
Deve haver um caminho mais curto
Para o êxtase que todos procuram
Mas eu achei um meio termo para tudo
Esperei por você! E me reencontrei.

Infância

Sinto falta do ar puro
Do balanço na árvore
Das folhas caindo da amendoeira
De falar errado, de chorar por tudo
Sinto falta dos meus cinco anos
Quando ria de um desenho
Construía bolos de lama
E sonhava com anjos
Sinto falta de um colo paterno
Onde me refugiava
Era só deitar a cabeça e dormir
E não me preocupar com nada
Sinto falta das roupas pequenas
De acreditar em Papai Noel
E no velho do saco
E até das brigas na rua com meus colegas
Sinto falta de acordar cedo
E comprar sorvete na padaria com meu pai
Falta dos apelidos carinhosos
E do pouco que aproveitei do tempo
Mas onde o Senhor estiver, pai, que Deus te acompanhe!

Cantar

Quero cantar mesmo que ninguém ouça
Mesmo que os pássaros se espantem
Quero escutar minha própria melodia
Mas nos corações apaixonados do mundo inteiro
Quero levar alegria e vida em forma de notas musicais
Quero derramar lágrimas por onde eu passar
Toda vez que um coração apaixonado partir
Ou quando um grande amor nascer
Quando uma paquera acontecer
E até mesmo quando alguém brigar
E perdoar quando escutar minha canção
Quero encantar e brilhar como sol
Não por vaidade, mas por amor à música
Quero cantar o amor, a dor, o desengano.
Quero me reinventar e acontecer.

Dúvida

Gosto do dia ensolarado
Da noite escura e pálida
Do inexplicável e incomparável
Da motivação de querer enxergar o mundo
De enxergar a mim e os outros
Quero ver meu nome na tela do universo
Escrever no livro da vida
Adormecer em meu leito e sonhar
Quero viver, morrer e amar antes e depois
Da vida terrena e da outra.

Meu pensamento em ti

São os meus olhos
Que conseguem ver
Através dos seus

Assim como o universo
Através das nuvens
Onde eleva o mundo

Encontro refúgio em mim
Pois não tenho em você
Que é dono do meu mundo enfim

Espero uma palavra sua
Para que eu me declare
Para abrir de vez minha porta.

Sacrifico meus sentimentos
Arrisco qualquer coisa
Para tê-lo em meus braços.

Como eu queria

Sinto-me só...
Sinto como se meu coração
Estivesse com uma enorme cicatriz
Sinto como se o vazio estivesse
Tomando conta da minha alma.
Talvez seja...
Talvez tudo isso esteja acontecendo
Como se o chão desaparecesse completamente
Debaixo de mim e então
Que o amanhã fosse apenas
Um sonho esperando a realização
Queria que o destino estivesse ao meu lado
Só quero amar e ser amada
Sem traições ou desconfianças
Se for pedir demais, ser feliz
Não tenho então razão para te amar
E, sim, a mim mesma.

Não sai de mim

É triste estar sozinha
Não é fácil encontrar
Um novo amor
Não é fácil e claro
Sofrer tanto por quê?
Não mereço, eu e nem ninguém
Mais fácil satisfazer
Os desejos da sua pele
Quem não imagina ser feliz
Com amor e não só com desejo
Quem poderia imaginar
Que é tão difícil
Encontrar alguém especial
Como nós sonhamos, seria muito.
Mas alguém real e frágil às vezes
Alguém normal de carne, osso e alma.

Um dia sem você

Foi apenas um dia
Que deixei de ver você
E na mesma semana
Fiz um resumo da minha vida
Onde planejei incluí-lo nela
Não pretendo pedi-lo em casamento
Só quero tê-lo em meus braços
Só um pouquinho ou uma vida inteira
Queria que fechasse os olhos agora
E me ouvisse com cuidado
As palavras escolhidas a dedo
Para não errar na hora
Sussurrei em pensamento
Para que pudesse ler minha mente
Agora abra os olhos
Olhe no fundo dos meus olhos
E diga o que vê, o que sente
Sem usar as palavras, mas sim o coração.

Para que compreendas

Como te fazer entender
Que só a ti olho nos olhos
Que só tu me fazes sorrir
Por qualquer coisa que seja
Que me deixas triste quando estás longe
Não dos meus olhos
Mas longes do meu coração
Que tua imagem pra mim é perfeita
Não importa quem as ache contrárias
Minha opinião é o que basta
Que tem a chave do meu coração
Tendo em vista que ele tem cinco cadeados
Um para cada sentido meu
Para sentir o teu cheiro
Sentir o teu gosto
Para te ouvir
Para te tocar
Para te ver
Pois tua imagem é a última coisa que verei
Para toda a eternidade.

Apaixonei-me por você

Acho que me apaixonei por você
Não sei se foi por estranhar tanto
A falta que me faz ou talvez
Por sentir que fico mais feliz
A cada vez que o vejo
Por lhe sentir perto e longe
Alguma coisa do bem ou do mal
Leva-me sem restrições morais à sua direção
Uma força que luta contra a minha razão
Que me faz ser alguém bom
Com pensamentos impuros e vis
Alguém que não sou eu
Mas que vive obscuramente dentro de mim
Só esperando o dia pra sair e possuir você.

Lamentações

Às vezes são lágrimas
Ou simples gotas de tristezas
Que invadem minha alma
Que chora e que lamenta
Que dói no peito
Onde se esconde o centro de tudo
Onde também se alojam
Minhas lembranças mais secretas
Em meu sensível subconsciente
Ainda lembro tudo que vivemos
Onde a prioridade era a sinceridade sempre.

Quem me dera

Quem me dera se o amor
Não fosse como as ondas do mar
Que vão e vêm com o passar do tempo
Conforme as fases da lua
Que não fosse tão inconstante
Como uma mulher de TPM
Ora fazem os homens chorarem
Ora fazem os homens rirem à toa
Ora querem matá-los
Quem me dera sofrer de amor
Mas com dinheiro no bolso
Para sofrer de amor em Dubai
Cercada de toalhas de algodão egípcio
Para que meus olhos não fiquem machucados
Mas como sofro de amor no Brasil
Tenho a luz da lua mais linda
E uma xícara de chá de camomila
Que me acompanham na solidão.

Dor de amor

Se te tiveres é um desejo
Espero-te chegar logo
Ao alcance do meu colo.

Para ser protegido e cuidado
Para que tanto carinho
Se não posso retribuí-lo.

Em que parte estará o teu rosto
Que guardo a imagem no gelo
Para que sobreviva ao tempo.

Você me merece?
Não sei ao certo
Só o que quero é acolhê-lo.

Sou tua se não sabe
É um apelo que faço
Para que a mim te entregues.

Diferente

Queria poder me libertar
Livrar meus sentimentos
E de verdade me entregar.

Queria ter coragem suficiente
Para ser eu mesma
E extravasar a sensibilidade.

Queria ser justa e racional
Mas sou feita de emoção
E é confuso meu lado emocional.

Queria ter certeza de tudo
E não ter dúvida em nada
Relaxar e esperar o futuro.

Queria não amar tanto
Não sofrer e não chorar
E é só o que faço, no entanto.

Insegurança

Vejo-me como um coelho
Fugindo de tudo e de todos
Sempre vigiando.

Sinto-me às vezes como um bebê
Desprotegida sem o útero pra me guardar
Como se sempre fosse um impasse.

Vejo-me perdida na vida
Com muitas ilusões e poucos sonhos
Pouco confiante e iludida.

Perco-me nos pensamentos
Sempre pensando na sua imagem
Que é a razão dos meus tormentos.

Por viver

Vivo em uma fábula
Onde não há príncipe algum
Apenas uma alma perdida.

Vivo brincando de ser feliz
Levando uma vida ferida
E tentando ter o que eu sempre quis.

Vivo lembrando as boas coisas
E querendo o passado de volta
E me alimentando das sobras.

Vivo por viver
E por querer o que está longe
E eu não posso ter.

Vivo esperando a tal felicidade
Pra dela me fortalecer
E afundar na lama a realidade.

Lembranças

Lembranças são apenas
Fragmentos de momentos
Que ficam guardados no peito
Que se juntam com o tempo
São emoções verdadeiras e falsas
Tristezas e súbitas alegrias
Amores roubados e refeitos
Tudo que se refere aos nossos sentimentos
São momentos combinados e complexos
Que nunca saem da minha atormentada cabeça
As bondades e maldades do meu coração
São descobertas e camufladas uma por uma
Pelos seus olhos enigmáticos.

Querer-te

Querer-te
Não é apenas desejar-te
É te obter em pensamento
Não só querer me envolver em tua pele
Mas ser parte de ti
E da tua existência platônica
Nesse dia escuro e chuvoso
Só a tua luz para me salvar do abandono
Das entranhas da falsa moralidade do mundo
Do falso afago que penso ter de tu
Dessa esperança medíocre e sábia
Que me engana dizendo que irá te trazer pra mim.

Estar com Deus

Estar com Deus
É poder sentir a paz entrar de vez
Na minha sofrida alma
É poder aceitar e compreender
Que o meu coração é dele
Só assim entenderei o coração dos outros
É acreditar que a vida
Não é uma passagem para a morte
Mas para a vida longa e eterna
É poder ter esperança nos céus
Mesmo estando de passagem nesta terra
Agradecer o que eu tiver
Mas almejar um futuro melhor e abençoado
Amém.

Meu desabafo

Tento não mostrar a outra face
Para não me entregar
E assim descobrir meu disfarce.

Procuro um caminho
Por onde eu possa revelar
O meu lado fraco.

É muito fácil ficar isolada
Porque ninguém conhece
A metade da minha estrada.

Trago em mim um sonho
Que de antigo é quase uma lenda
O amor é meu único refúgio.

Não encontro

Não encontro o amor...
Nem a saudade
Só o vazio e a dor.

Não temo o destino
Mas receio não tê-lo
Por não ser crédula em tudo.

Tenho o sol e as estrelas
Para reprimir minha depressão
Meus medos e minhas angústias.

Não mudo meu jeito
Pois não seria bem verdade
E sim um grave erro.

Só acredito na vida
Por ela existir
E não ficar arrependida.

Ar puro

É puro ar esse que respiro
Onde há árvores verdes
Que mais nada vejo.

Ocupo-me com prosas e versos
Onde descrevo o que vejo
O que sinto e respiro com suspiros.

Descrevo meus desejos
Tímidos e loucos
Que refletem em meus sentidos.

Sinto cócegas no meu nariz
Quando bate o orvalho
Sinto falta até dos pássaros no chafariz.

Faço pedidos longos à natureza
Que ficam no solo e no ar
E se expandem com a natural beleza.

Apagou-se a luz

Sei que imaginar
É sonhar acordada
É uma forma absurda
De amar sem limites
Em risco de ter um amor platônico
Sem vida e sem gosto
Vivendo uma vida inútil
Virando uma alma apagada
Sem luz própria e vivendo na sombra
A luz se apagou enfim
Você não gosta de mim
Nem no tom da minha música
Nem na minha melodia
Que agora só fala de dor e não mais de amor.

Ficar só

Ficar só é ter tempo para pensar
Refletir sobre tudo que se faz
É pensar tudo ao mesmo tempo
Porque a solidão dói às vezes
É querer resolver todos os problemas
De uma só vez e pronto
É viver em função de ser feliz
E fazer os outros felizes
Sentir necessidade de paz
Da suavidade do sono tranquilo
A solidão é cruel e má
Quando se fala sozinho
Mas amiga da solidão é a palavra
Que se unem em frases e explicam a vida
Em poesias e pensamentos.

Tristeza

Por que será que existe a tristeza?
Se não me serve para nada
E diminui minha à luz da aura.

Para que serve a tal tristeza
Se os meus olhos não brilham
O sorriso se apagou, e meu semblante gelou.

Para que então a desordenada tristeza?
Se for contrária à bondade que fere a lembrança
E diminui a vaidade e a beleza.

Para que ser infeliz?
Se meu peito é cheio de vida e não preenche o vazio
E sigo então como o destino diz.

Engano

Preciso acreditar para não chorar
Para não sofrer e me arrepender
Preciso fechar os olhos
E a mesma cama compartilhar
Preciso reunir forças e superar
O engano sujo e sínico
Preciso fingir amar e chamar de amor
Aquele que fez minha vida desabar
Preciso encarar o medo
De ter que viver sozinha
Por não confiar em ninguém ou nele
Preciso de paz e zelo
Preciso caminhar aos poucos
Para novamente não tropeçar
E cometer os mesmos erros
E escutar de mim mesma os soluços do meu choro
Preciso de um novo amor
E que me mande flores amarelas
E não mais vermelhas comuns, por favor.

O que há?

O que há em ti que me aflige
Se nem eu que o conheço
Consigo ver em teus olhos
O que o aborrece e te consome?

O que existe de tão triste
Que por mais que possa sorrir
Não transparece de modo algum
A verdadeira felicidade?

O que guarda tanto
Que não pode compartilhar
Para se livrar do peso
E tirar de vez do peito o lamento?

Por que não abre a janela
E deixe que eu entre escondida
Para que o segredo que bate à sua porta
Não descubra que te ajudei a fugir da sua cela?

Aqueles olhos

Sinto falta daqueles olhos
Aqueles que brilhavam sempre
Que se aliava com o sorriso.

Sinto falta daqueles olhos
Que me diziam tudo
Sem falar nada.

Sinto falta daqueles olhos
Que me faziam sorrir
Mesmo quando estavam avoados.

Sinto falta daqueles olhos
Aquela cor de pitanga deles
Vorazes e audaciosos.

Entre mim e você

Sinto o meu coração gritar
Quando estou com você
A verdade que assim
Não vou sobreviver

Passo a noite acordada
Com minha alma abalada
Só por causa de você
O que posso fazer?

Eu queria entender
Como descobri esse amor
Quando tudo começou
Como vou saber?

Pensei que fosse sonho
Uma fábula talvez
Como tudo aconteceu
Entre mim e você.

Viver

Viver é estar sempre sorrindo
Mesmo quando a alma chora
É cantar sempre
Mesmo que a voz desafine
É não ter nunca medo de sofrer
Por amar demais
É conquistar outro coração
Com toda a pureza do seu
É ser livre
Das coisas ruins
Mesmo quando elas nos assustam
É querer tudo que há de bom
Para nós e para os outros
É estar sempre em harmonia com o coração e a razão
É preencher o vazio com lembranças boas
É caminhar passo a passo
Em direção ao horizonte
É saber que sempre quando uma porta se fecha
Muitas outras se abrem
É aproveitar o presente com toda intensidade
Até o futuro chegar.

Tenho saudades

Tenho saudades
Do tempo em que fazia questão
De me ter sempre por perto
No tempo em que me dizia palavras doces
Olhando-me nos olhos
Quando corria para me encontrar
Pois estava sempre atrasado
Tenho saudades dos nossos beijos
Das nossas fugas às escondidas
Os encontros às sombras à luz da lua
Apenas com as estrelas como testemunhas.
Nunca vou poder te esquecer
Pois tenho uma parte sua comigo
E essa, sim, é inesquecível.

Minha vida é uma confusão!

Minha vida é uma confusão!
Que nem eu mesma entendia
Até te encontrar, amor
Minha vida aconteceu, virou drama
Virou canção de dor e de alegria
Virou poesia, magia, encantamento
Livro com páginas de um passado de um presente
Provavelmente um breve futuro que será passado
Uma canoa em uma queda livre de tão conturbada
Um mar com calmaria e ressaca
Um céu com nuvens, sol e trovoada
Não é à toa que sou filha da senhora dos raios
Que ama o senhor do trovão
Companhia do astral e de outras vidas
E também nesta, modesta
Um furacão com nome e sobrenome
Essa é a minha vida, e esta sou eu...
Joana Amorim.

Mais um dia de melancolia

Reclamo da dor quando absurda
Mas a prefiro
A que viver por dentro vazia

Nunca lamentei por sofrer
Acostumei-me
Por de amor não entender

Se sentir é sofrer
Então que eu sofra por isso
Melhor que o amor não entender.

Já que não te tenho
Contento-me com a tua imagem
Eu em mim guardo.

Para onde vão minhas súplicas
Que não chegam a ti
Para que não tente entendê-las.

Opostos

Parecemos o sol e a lua
Você, a Lua, frio e resistente
E eu, o Sol, quente e incontrolável
Pronta para explodir a qualquer momento
Com todo esse calor que guardo em mim
Doida para tomar o seu corpo frio e controlado
Com um desejo de me afogar em você
Para que eu perca o ar premeditadamente
Arrebatá-lo com toda a minha força
Para que jamais possa fugir
Pois você é meu raio de luz
Que me acalanta à noite
E ao mesmo tempo me traz
Esse tormento que é a paixão
Que não me deixa dormir à noite
Porque está sempre aqui olhando pra mim
No céu dos meus sonhos.

Apenas uma vez

Queria que me tocasse apenas uma vez
Queria sentir seus lábios e o calor do seu abraço
Fazer de conta que sou completamente sua
Só uma vez, uma noite ou um dia
Vestir-me do que você quiser que eu seja
Amante, amiga, namorada
Quero um minuto que seja
Um momento de trevas ou de luz
Pois não sei ainda o que você é
Um anjo ou um demônio.

Hoje vi você

Hoje vi você
Olhei atentamente
Em direção ao seu rosto
E percebi que ainda tem
Alguma coisa para me dizer
Não sei o que é
Mas acho que vou descobrir logo
Tenho muita coisa guardada
Muita resposta que não foi dada
Muita desconfiança e pouca astúcia
Queria dizer dos meus problemas
Mas não acho que queira ouvir
Quero contar do meu sonho estranho
E que você sempre está nele
Hoje vi você
Mas não pude falar
Porque era sua foto, e não você
Hoje também vi você.

Desilusão

Desilusão é o encerramento da minha alegria
Que só durou poucos instantes perto de ti
O suficiente para que eu pudesse enxergar
Meu impuro e sórdido amado
Que eu achava ser meu amor, meu futuro amor
Sem saber eu, a ingênua, que ele é leviano
Coleciona paixões e acha graça disso
Destrói sonhos e corações tolos
Vive cada segundo como se fosse o último
Seria bom se esses segundos fossem válidos
Ou avaliados por quem caiu em suas garras misteriosas
Desilusão sim, e daí?
Sonhos, sim, esperam algo importante!
Qual o problema em viver um sonho
Se o sonho é um degrau para a realidade?

Declaração no papel

Estava chovendo...
Eu tinha acabado de acordar
Sentada na janela com uma xícara de café
Parecia que eu sabia que você iria passar
Não me pergunte como!
Mas sinto quando está por perto
Tomara que essa chuva não pare
Para que eu possa ficar junto a você
Esquentando o seu corpo no meu
E lhe falar sobre o amor que guardo pra você
Dizer-lhe tudo o que sinto sem te assustar
Claro que a parte do seu corpo no meu, você não sabe
É um desejo platônico e meu
Apenas escrito em um papel com tinta azul
Sempre fui boa com as palavras escritas
Mas não tão boa em me comunicar ainda mais sobre o amor
Mas se você ler esse bilhete vai querer saber quem é
E saber que você já virou tema da minha canção
Claro que é uma canção de amor
De quem mais ela seria?

Amar-te

Ironia do destino
Desafio que perdi para a vida
Uma vida que não me trouxe muita coisa
Além de amores fracassados até agora
Que me levou a beleza do azul
Por que o azul?
Eu gosto!
E acho que a vida sem essa cor seria dispensável
Não que eu não goste das outras cores
Só acho que o azul é mais bonito
Assim como o céu
Iemanjá
E todas as coisas que amo que são azuis
Sua aura azul clara com um tom escuro do preto
Por causa de energias ruins
Amar-te é assim
Viver em um mundo sem o azul
Viver em um mundo sem você.
Que meu sentimento também poderia mudar
Que poderia simplesmente esquecer.

Perda de tempo

Percebi que te amar foi perda de tempo
De desgaste emocional e físico
Que minhas noites perdidas eram em vão
Que só eram perdidas por mim e não por você
Percebi que palavras de amor não te afetavam
Que não te tocavam nunca
Que a barreira que criara para se defender do amor era maior
Que seu coração era infeliz por não amar
E nunca deixar de ser amado
Que ele sofria como eu
Isso mesmo, seu coração era refém de tu mesmo
Perda de tempo querer mudar alguém
Que se apropria da solidão como tua
E faz do silêncio companhia para própria dor
E assim consequentemente faz ou outros sofrerem
No caso a outra, eu.

Brincadeira sem sentido

Brincou com os meus sentimentos
Apagou a chama
Que eu sentia toda vez que tocava em você
Brincou com os meus sentimentos
Fez-me de marionete viva
E matou o sentimento que eu tinha por você
Afogou minha esperança em lágrimas salgadas
Que só pararam quando o dia amanheceu
Percebi se um dia após o outro muda
E que eu poderia deixar de te amar.

Amargura

Amargura...
É viver com alguém que não se tem por inteiro
É tentar sobreviver com alguém pela metade
Que fala de amor, mas não se desprende da dor
Viaja pelo passado para fugir do presente
Por estar entediado de uma vida que não quer viver
É ter aquela sensação terrível de estar sobrando
De estar atrapalhando a felicidade do outro
Mas falta a coragem de admitir para si e para o outro
E sentir um vazio imenso o tempo todo
Uma falta de paz e de luz
Vivenciar o dia a dia como apenas rotina
Nesse mar de lembranças distantes da realidade
Amargura? Eu sinto? Vou pensar.

Doação

É completar o seu coração com o bem
Amar independente de religião, cor ou etnia
Ajudar os outros sem cobrar nada
E pedir todos os dias paciência
Essa é a virtude mais desejada entre nós
Porque dela parte todas as outras
Caminham juntas em direção ao amor
Esse que toca a todos nós como uma sinfonia
Que precisa de todos os instrumentos unidos
Assim somos nós, um complementando o outro
Com os defeitos, qualidades e esperança
Para mudar o que podemos e aceitar o que não pode ser mudado
Eu nasci para amar, brilhar, sorrir e ser feliz
E é o que desejo para você.
Amor...

Ouça

Ouça essa minha confissão
Que guardo em meu peito sem querer
Um sentimento preso em mim
Que não me deixa mais viver
Quero sua mão junto à minha
Caminharmos juntos outra vez
De mãos dadas ao luar e conversar
Um vinho para brindar e perdoar
E digo que o amor está no ar
Eu traí você, mas me arrependo
Pois nunca imaginei amar assim
Agora deu pra entender o problema?
Você tem o direito de não perdoar
De me abandonar e fugir
Mas você olha em minha direção
E diz que já esqueceu, não tem problema
Que seu amor é maior que um deslize
E que sou mais importante que qualquer coisa
Olho em seus olhos e vejo que existe a verdade
E que ela nos compensa pelos erros
Mas jamais serão apagadas, mas sim adormecidas.

Dia dos namorados

Um jantar à luz de velas
Para lhe encantar eu fiz
Seus olhos brilhavam feito chamas
E lágrima em seu rosto caiu
Achei que fosse até brincadeira
Mas era a vez primeira
Que lhe acontecera uma dessas
Fiquei demasiadamente feliz
Senti a paz no meu coração
E entendi naquela hora
Que você era, sim, meu amor
Minha alma gêmea e meu porto seguro
Onde meu pequeno barco poderia atracar sem medo
Pois não seria atacado sem antes de alguém
Para sempre lutar ao meu lado
Toquei a sua mão e disse:
Eu amo você!

Data especial

Não é pela data de hoje
Mas por ser sempre
Minha fonte de alegria
Alguém que me transforma

Invadiu meus sonhos
Os transformou em abusos
Que se opuseram à minha realidade
E expulsou a ilusão e o dia com a verdade

Alguém que não mude com o tempo
Companheiro, amante, amigo
E adorador incondicional das minhas loucuras
E das minhas brincadeiras

Alguém que faça com que eu me sinta criança
Sinta-me mulher, gente, humana
Protetora do ninho e de alguém a esperança
Desejo a felicidade, a sua.

Invasão

Para que a tortura
Se já o tenho
Se em mim habita?

Que raro cheiro é esse
Que sai do seu corpo
E entranha na minha mente?

Calorosos são seus beijos
Que me seduzem e me enlouquecem
Não posso jamais deixar de tê-los

Vinde a mim o castigo
Se for pecado? Não me importo
Assim que vejo, que amo

Tem algo de bom, eu sei,
Entre o bem o mal
Mas na sua vida agora entrei.

Desconhecido

Sei seu nome, homem desconhecido
Mas não o conheço ao fundo
E quem conhece ao todo?

O beijei! Isso é tudo
Porém o bastante pra sentir o resto
Talvez assim melhor o conheça

Sua voz já me é familiar
Não preciso abrir os olhos
É só aproveitar o momento

Estranho? Que seja
Noite essa repentina
Que me trouxe você agora.

Jeito de amar

É e sempre vai ser você
O grande amor da minha vida
Com todos os meus defeitos e erros
Tento ser a mais completa possível
Na hora de amar você
Para que nunca se esqueça de mim
Porque sei que não sou perfeita
Tento sempre fazer o melhor
Para que seja feliz aqui comigo
Amo você do meu jeito
Sei que é um jeito estranho
E nem sempre sou muito delicada
Mas é verdadeiro, único
E só assim sei amar você.

Posso te falar?

Queria poder te falar de felicidade
Mas sei que não é possível
Falar de uma coisa tão bonita
Com o coração cheio de tristeza
Com a alma ferida por amar em vão
Por abrir meus sentimentos
Sem impor limites para chegar a eles
Sem pensar no que é bom ou ruim nisso tudo
Apenas deixei-me envolver
Pela necessidade que tenho de ser amada
E me sentir alguém especial.

Desculpe-me por me apaixonar

Desculpe-me
Por eu estar inteiramente apaixonada
Por ter me apegado à ilusão de te ter
Estar demasiadamente iludida
E ter enganado meu coração
Desculpe-me se fui estúpida
Deixei a raiva atrapalhar a minha paz
Tomou conta da minha razão
Sei que não tenho nenhum direito
De cobrar nada de você
Mas queria que entendesse
Que não tenho culpa alguma
De gostar tanto de você
Gostaria muito que algum dia
Fosse apenas meu, mas por enquanto...
Contento-me com uma parte
Qualquer uma delas, desde que seja de você.

O sono

É como o peso de uma pena
O que sinto em meus olhos
Quando abertos tentam ficar, aaah

Gostoso, estranho
Ficar olhando a escuridão
Quando piscam os olhos por um momento

Maravilhoso é sentir esse fenômeno
Essa sensação preguiçosa
Contínua, que prende um olho, depois o outro

Em momentos nosso amigo
Em outros vira até inimigo
Vem sem aviso com um bom barulhinho

A mente voa, e os sentidos ficam lentos
As pálpebras estremecem lentamente
É ele mesmo que nos deixa sonolentos.

Contraste

Amá-lo
É tão difícil como olhar pro sol
Sem machucar os olhos
É como sentir o cheiro das rosas na primavera
E nos espetar quando vamos tocá-las
É machucar a alma toda vez que penso em você
Sentir falta de um abraço que eu nunca tive
É querer ver o seu sorriso em minha direção
Quando ele não é pra mim
Sentir seu rosto no meu antes de lhe beijar
Isso quase nunca acontece e sempre é no rosto
Desejar viver e não morrer pela tristeza
Porque você está aqui para me fazer feliz, mas não faz
É fazer uma caminhada descalço no verão
É pintar as unhas de uma cor que não gosto
É falar de amor por sofrer e não por ter
Amá-lo... É lhe amar e me contradizer.

Paixão desenfreada

Tenho uma paixão desenfreada
Que já não mais cabe no peito
Que comprime o coração e o obriga a amar
Que não tem medida certa ou medida nenhuma
Para expressar o volume do sentimento
Que machuca de tanta explosão desenfreada
Que paixão é essa
Que te faz ser pior pra mim do que melhor?
Que me maltrata ao invés de tratar
Que apunhala minhas costas
E depois se explica como se fosse possível
Que paixão é essa
 Que mente sem razão ou por uma razão desconhecida
Que a verdade desconhece
E inventa uma para si, para dar razão a si mesmo?
Que paixão é essa
Que se esquece dos nossos acordos de paz
E declara para nós a Guerra?

Te espero

Te espero durante a chuva e calor
Durante o outono e até o nascer da flor
Te espero aqui no meu canto
Até me chamar para o teu
Te espero abrir a porta
Para não ter que entrar pela janela
Espero para conquistar meu lugar e não tomá-lo à força
Te espero até meu coração aguentar
Mas não quero esperar a tristeza
Se nunca vier me buscar.

Meu querido

Quero poder ser não só uma pessoa melhor, mas quero também ter o merecimento da minha mudança.
Quero me entender para depois poder te explicar quem realmente sou sem dúvidas,
Pois no momento estou perdida entre a razão e o coração e com medo de errar a cada palavra,
Fazendo com que eu erre mesmo assim.
Quero poder ter equilíbrio suficiente para ajudar os outros e a mim mesmo, sem a agonia de esperar sempre o fracasso.
Quero poder filtrar todas as informações que recebo ao mesmo tempo e não entrar em pânico quando eu tentar transmiti-las.
Quero apenas ser a pessoa que sempre fui, e não essa confusão de sentimentos que me tornei.
Quero poder ser normal! E aprender a lidar com a tarefa que me foi dada sem enlouquecer.
Quero poder expressar meus sentimentos sem te magoar, mas não consigo! Porque ainda não sei como agir quando alguma coisa ou alguém me avisa o que vai acontecer antes que você saiba. Sei que tu ainda não consegues assimilar essas coisas sem que eu tenha paciência e tato para repassar a ti.

Perdoa-me, se muitas vezes te deixo triste, mas isso não quer dizer que eu não te ame; só que não estou conseguindo me comunicar do jeito certo.

Sempre fui responsável por mim e pelos outros, ainda estou aprendendo a ter alguém para cuidar de mim, podendo fechar os olhos sem me preocupar. Mas não é falta de confiança em ti, mas de segurança para eu dar esse passo. É muito difícil para mim e queria que tu soubesses.

És a maior benção que recebi de Deus, depois de tanto sofrimento e humilhação.

Desculpe-me se estou demorando tanto para aceitar, acreditar que realmente vieste para ficar e que eu te mereço! Porque depois de tanto fazer escolhas erradas e me machucar, fiquei com medo de tentar de novo.

Eu te amo!

Recordações

Vivo recordando o meu passado infeliz
E com isso bloqueio o meu futuro
Com um presente, onde o medo toma conta dos meus
                                            sentimentos.
Desvirtua a minha alma que sabe o que fazer, mas minha
                                            mente não deixa.
Quero acordar todos os dias da minha vida ao seu lado
E não pensar em mais nada, mas ainda não consigo.
Vivo pensando que vou perdê-lo, pois sempre foi assim na
                                            minha vida.
Não peço que perdoe tudo que falo ou faço
Só peço que me perdoe por não saber lidar com a felicidade
E que entenda que não me acostumei ainda com ela
Amar você é como me refugiar enquanto termina a guerra
É como achar um abrigo em uma tempestade
É entrar na arena pra uma luta com o escudo mais forte que
                                            há no mundo
É esperar por você como se fosse o nosso primeiro encontro
                                            todos os dias
E esperei por você por tanto tempo
Que não esperava mais a sua volta.
Mas você está aqui, e não vou deixar você ir embora

Que Paixão é Essa?

Que enorme paixão é essa,
Que já não cabe no meu peito?
Que oprime a alma
E sufoca o meu coração
Que não é medida,
Na hora de se expressar
A mesma sabe a diferença
Dos sonhos e das ilusões
Que se engana ao pensar
Que amor é amor e pronto!
Mas o que era antes não se sabe
E quando não é correspondido
Mata-se aos poucos
E tudo que sobra de bom
Morre dentro de mim.

Por que de tudo?

Por que não eu?
Por que não posso escolher?
Por que tanta falta de paz?
Por que tanto sofrimento e tanta dor?
Por que não é fácil a cumplicidade?
Por que é falsa no ser humano?
É essa chamada verdade?
Por que dói tanto querer sorrir sempre?
Só quero amar e ser amada
Beijar com sinceridade e receber o mesmo,
 Fazer amor com transparência
E ser retribuída à altura.
Se é difícil? Deve ser.
Senão quem sofreria tanto à toa?
Só o que espero é a felicidade!
E quem não espera?

O desejo de você

Uma noite: um homem
Uma fantasia: você
Se te quero? É obvio
Não entende? E não o culpo!
Nunca falei, mas demonstro
Se você percebe? Acho que sim
Sua boca: um almejo
Quando fala: estremeço-me
Suas mãos me arrepiam
Nas raras vezes em que me toca
Se disser sim, me atreverei
A dizer que me apaixonei por você
Desde o primeiro instante
Em que entrou de vez
E não mais saiu da minha vida.

Dias de luz

Dias de luz são...
Apenas esses dias
Que sempre espero do futuro
De um breve futuro
Onde eu possa esperar você
Pelo seu primeiro gesto de carinho
Espero que sinta no meu beijo
O quanto o amo, meu amor
O quanto desejo estar por perto
Vivendo ao seu lado a todo o momento
E sem o seu calor
Só o que realmente me resta
É viver no frio da solidão
Que nunca me deixará esquecer
De todas as suas lembranças
As quais não conseguem tirar do meu peito jamais.

Felicidade ou algo assim

Que sentimento é esse
Que chamam de felicidade
Que clamam para que chegue?

Por causa de quem sofre
Por um olhar errado
Ou falta de verdade?

Se é infinita a tal alegria
Já não corro mais
Para alcançá-la afinal

Consegue-se ficar na espera
Posso também crucificá-la
Por ser invisível e rara

Fico agora tranquila
Por ter a paciência necessária
Para esperá-la.

Não é apenas pelo prazer

Penso em você sempre
Penso quando abro os olhos
No instante em que acordo
Lembro-me do seu sorriso
Da sua boca, do seu beijo
De tudo que fizemos juntos
Acostumei-me como seu cheiro
Sinto falta quando está longe
Sinto saudade dos seus abraços
Queria que você não só sentisse, mas entendesse
Essa necessidade que tenho de ter você em meus braços
E que não me olhasse apenas por fora
Quero que veja o que tenho por dentro
O que sinto quando por diversas vezes fala comigo
Nas horas que diz um monte de bobagens que adoro
Fico triste quando penso que não me entreguei ainda a você
Estou apaixonadamente enfeitiçada por esses olhos negros
Não só pelo o prazer, mas por encanto
Que meu coração amoleceu por você.

Coragem

Não sei ao certo o que guardo em mim
Só o que sei é que basta você chegar
Que meu corpo não me obedece
E de jeito algum a minha razão também
Os meus sentidos se voltam todos contra mim
Já não penso em mais nada
Pois você já tomou conta de todos eles
E até a minha alma me desobedece
Quero poder não mais pensar
Reinventar-me nesta vida e neste momento
Me pego sempre pensando em você
Não quero mais me sentir culpada
Por querer sempre estar com você e não com ele
Só quero lhe amar em silêncio
Com toda a intensidade do meu ser
Pois não há do que me envergonhar
Só preciso ter coragem para gritar
E dizer ao mundo que amo você.

Meu refúgio

É você que me acolhe
Quando me afogo em lágrimas
E me conforta de verdade.

É você que adivinha os meus pensamentos
E ampara meus delírios quando planam
Nesse imenso mar de sonhos.

É e sempre será você
O porto seguro da minha embarcação
Onde navegam as inspirações vindas da sua fé

Pois com você, meu anjo,
Viver é mais fácil
E a felicidade vista em meus olhos é real.

A dor de pensar em você

Pensar em você...
É como abrir aos poucos
A enorme cicatriz que deixou em meu peito
É como torturar a minha alma
E trair meu próprio coração
Com quem há tempos eu havia feito um trato
De não mais sofrer por você, meu querido
De desmentir meus pensamentos
Que eu havia jurado não trair
Que não iria mais guardar suas lembranças
Porque é como sonhar acordada
Tudo que vivemos juntos
Tentar fazê-lo entender e aceitar
Me amar de verdade
Não só pelas minhas qualidades
Mas também por meus defeitos
Pois só assim saberei amar você.

Meu almejo

Meus desejos almejam e são poucos
Querer sempre o que não posso
Pois, é o que não consegue ver.

Me deste teu corpo
Não o que há dentro
Por não ter sentimento.

Não entende, não sente
Como funciona o seu corpo
Porque só sente desejo.

Desconhece o que é límpido
Por crer no prático
E esquece o sonho.

Tenho pena, sim
Não há outra coisa
Só o vazio porque não entende.

Arrependimento

Incompreensíveis sejam talvez
Essas minhas exigências
Que cobram e advertem.

As loucuras da minha intuitiva
Falta de razão
E meu excesso de fantasia.

Que me fazem chorar lágrimas arrependidas
Por entoar a voz
E para dizer estúpidas palavras.

Que murmuram
Por ajuda sem força
Por estar cansada da vida.

Queria eu poder fazer colidir
Meu coração e minha razão
Para deixar a paz fluir.

Sou tua

São tuas, minhas mãos tão claras
Que se estendem para ti sempre
Para que a segure em raras vezes.

São teus os meus olhos
Pois só a ti refletem
Porque pode vê-los.

Se fossem meus os teus toques
Em qualquer parte do meu corpo
Escolheria senti-los agora e não depois.

Acolheria teus pensamentos
Para junto de mim
Para retirar as partes ruins e recriá-los.

Nossos caminhos

É com você que durmo e acordo no meu pensamento
Por você que choro todas as noites
Por não saber o que fazer para tê-lo
Quero com você compartilhar minha vida
Por você eu quero amar novamente
Com você quero fazer tudo que tenho vontade
Da sua pele que a minha sente falta
Quando não estamos juntos.
Quero fazer acontecer
Antes que o curso da nossa história possa mudar
E nossos caminhos nunca mais se cruzem.

Envolvi-me

Envolvi-me e me entreguei
Talvez eu não queira sentir isso por você
Mas é exatamente o que sinto
É o que eu não posso evitar
Não posso desviar os meus olhos dos seus
Não posso fazer nada a respeito
Quando meu corpo queima
Ao se aproximar do seu
A vontade que tenho é de lhe envolver
E novamente esclarecer para o que eu vim
Fazer tudo novamente e repetidas vezes
Passar dias maravilhosos ao seu lado
E tentar ser feliz como nunca
Sem tirar os pés do chão.

O medo

Ilusão que não consigo afastar
Dessa minha louca realidade
Figura permanente das minhas noites de solidão
Pensamento constante de sofrimento
Pois ele não está perto de mim
Inconsequente e impetuoso
Mas ao mesmo tempo doce
Como uma criança no balanço
Uma criança que foge não do amor,
Como se nunca fugisse de algo,
Que não teme nunca o perigo,
Queria superar o medo de me envolver
Por medo de sofrer demais
Isso faz que eu fique confusa
E não pense nem um pouco na vida
Em quem se ama, e em quem sempre se vai amar
O medo amou de verdade uma vez
Mas teve que se afastar dele mesmo.

Estar com você...

É como andar nas nuvens
Como olhar para o céu de inverno
Ver o seu sorriso envergonhado
Trazer-te para perto com a ajuda de um sonho
É guardar você em mim, mesmo se eu acordar com amnésia
Sentir falta do seu abraço e o cheiro do seu cabelo
Pois fica muito frio sem você por perto
Pensar a todo o momento em uma forma especial
De chegar perto de você sem minhas palavras assustá-lo
E esperar o tempo necessário para curar a sua dor
Até que não sobre nenhuma migalha e nem sombra das trevas
Pois o ressentimento e a desconfiança são males
Até que chegue o dia da luz entrar entre nós
E dela renascerá desse amor proibido de hoje
O que não será mais proibido amanhã.

Seja você sempre

Quero que seja natural
Quero que sempre quando falar
Fale olhando direto para os meus olhos
Que não minta e não me magoe
Que diga o que sente sempre
E se algum dia se sentir triste
E sentir que não há mais interesse em mim
Não me esconda nunca
Pois eu posso te odiar
Por não só mentir para mim
Mas por estragar a nossa verdade mútua.
Seja você, e não alguém inventado.

Vá embora

Queria que esse sentimento
Fosse embora de vez do meu coração
Queria apagar de vez você de mim
Da minha alma,
Da minha pele,
Das minhas veias,
E totalmente do meu pensamento
Quero acabar de vez com toda essa amargura
Que fiz com a minha vida idiota
Quero esquecer que um dia conheci você
Também quero esquecer que um dia
Você me habitou e tentou destruir aos poucos
A coisa mais importante que havia para te dar
Meu coração, que agora está partido
E tenho que sozinha consertar
Então vá embora de vez, para nunca mais voltar.

Não esqueço você

Nada me faz esquecer você
Nada posso fazer para que minhas lágrimas deixem de rolar
Pela falta que seu estranho jeito de ser me faz
Nada pode evitar que meu coração sofra
Pela sua indiferença de longe, mas que quando está perto
Não consegue evitar de me olhar
O que fazer com esse enorme desejo de você em mim
Queria olhar no horizonte e o ver lá
Com esse seu jeito nefasto e sedutor
Como algo obscuro e mágico me atraindo e seduzindo
Quero acabar na cama com você sim, e por que não?
Prefiro ser sincera do que inventar desculpas ridículas
Para esconder o que sinto por você, e sei que lhe quero de verdade
Sem escrúpulos, sem nada a esconder, tudo claro como água.
Quando sair dessa nuvem negra e perigosa vai me achar
Na parte clara no fim do túnel, esperando por você sempre.

Quero que esteja aqui

Quero que esteja aqui
Quero que se desarme
E se entregue de vez sem lutar
Para que esse sentimento tão intenso
Que guardo no meu coração viva
Apenas esperando você chegar
Para encher você de carinho,
Para te entregar totalmente
A todo esse amor que tenho guardado
Toda essa energia de vida
Para que você não possa nunca se arrepender
De se entregar para mim
E me fazer feliz, porque é só o que espero de você.

Estar feliz

É não sofrer por nada que seja inútil
É querer as coisas e as pessoas que se ama por perto
É amar como se fosse a última vez
É viver apenas o hoje, sem pensar no amanhã
É fazer de hoje sempre o melhor dia de nossas vidas
Porque é apenas hoje que temos para planejar o amanhã
É apenas hoje que temos para nos arrepender e perdoar
Para sonhar, viver, errar, acertar...
É o hoje que nos transforma em pessoas melhores
Para um amanhã onde seremos melhores ou piores
Mas pessoas são diferentes e com diferentes desejos
E é hoje que tenho para correr atrás de você
Para me envergonhar, mas nunca para desistir.

Sentir você

Sentir você...
É não pensar
Em mais nada
Quando está perto
É como sonhar acordada
E sempre...
O motivo é você
É lembrar e sorrir
Quando é da sua imagem
De que falam
Os meus pensamentos são seus
É da sua pele
Que a minha sente falta
Quando te toca em algum momento
Não é possível saber de qual parte você pertence
Se do meu coração ou da minha alma.

À deriva

É como estar em um bote salva-vidas
E querer não me salvar
Pois não há mais motivos
Porque não tenho sua atenção
Não tenho mais seu carinho
Não tenho o seu sentimento
Mas o importante em uma navegação
É que o amor esteja em águas calmas
E o amor que você confiou em me dar
Em um piscar de olhos se perdeu em mar aberto
E não havia onde eu me segurar
Quero um amor seguro
Quero um porto onde me atracar
Quero uma bússola para nunca mais me perder.

Sem você

Sem você me sinto vazia
Sem iniciativa de vida
De uma vida que destruí
Quando te excluí da minha
O que eu não sabia
Era que você não havia saído da minha cabeça
Errei, sim!
Por me envolver pela ilusão
E ter me descuidado da realidade
Que era a minha família que eu deixei
As pessoas mais importantes da minha vida
Por fazer dos meus desejos prioridade
E motivos para fugir da realidade
Que me fez falta hoje, com a saudade de você.

Eu errei

Eu errei!
Errei por te amar demais,
Errei por me entregar,
De me dar de corpo e alma para você.
Errei por apenas não pensar,
Me iludi com você todo o tempo,
E esqueci de mim,
Dos meus sentimentos iludidos
Errei por deixar você fazer dos meus dias
Continuação dos seus.
Por ter permitido me fazer de ponte,
Instrumento para alcançar a sua felicidade e não a minha.
Faço do meu presente um plano de frustração contínua,
Onde a figura principal do meu futuro é você
Que vive na confusão da minha mente,
Na brisa e no vento de uma noite fresca e sombria,
E você nunca está aqui para compartilhar comigo.
Sim, eu errei!

Foi você

Foi você!
Que me deu ainda mais
Vontade de viver feliz
Com suas dúvidas e suas indiferenças
Fez-me ver que na vida nem tudo é fácil
Mas consigo conquistar-te aos poucos
E no ponto mais fraco que tem
Que é e sempre foi o seu coração
É tão sensível quanto o meu, seu pobre coração.
Mas não tão forte que resista a tanto amor
E tenho esse amor para te oferecer hoje
Tenho paciência para te esperar
E vontade para te ensinar a se entregar.

Meu espelho

Queria que fosse
Apenas meu espelho
Para tocar sua imgem.

Te veria sempre
Sem saudades mentirosas
Permanentemente.

Trocaríamos juras
Todos os dias de sol ou de chuva
Sem máscaras.

Nós seríamos apenas um
Dentro um do outro
Em algum lugar.

Só o presente
Um momento
E a verdade.

Descrever um pensamento

Descrever um pensamento
É extrair todos os sentimentos,
Que há dentro do coração.
Tentar desenvolver tudo de um modo mágico
É um começo para um pensamento bom
Existem no mundo inúmeras maneiras de descrever o que se sente,
Totalizar os erros e acertos e desenvolver um mapa.
A razão pode guiar o coração
Para não deixá-lo fazer coisas inconsequentes
Descrever um pensamento...
É colocar todas as ilusões e desejos em uma meta
Concretizar com palavras tudo o que se sente,
Quando estamos tristes ou felizes.

Descrever o amor

Tento descrever o amor
Já tentei de várias maneiras
Descrever a tudo que amo
Tento desvendar quem amo
De todas as formas possíveis
Tento fazer de um pequeno olhar
Uma forma mais exata de expressão
Tento cuidar do meu coração
Com o maior carinho possível
Para quando você chegar,
Para quando você resolver
 Entender que o perdão é a saída
A maneira mais fácil de amar
Começar a aprender a ser feliz
Com quem realmente te ama
E se importa realmente com você
Nesse momento, a única coisa que sinto
É a imensa necessidade de te fazer feliz.

Meus sentidos

Sinto frio, ouço o mar
Arrepio-me, me acalanto
Coisas para eu guardar.

Olho o céu, conto as estrelas
Vejo nas nuvens sua imagem
E guardo no meu baú de lembranças.

Exilada fica a minha raiva
Mesmo te perdendo
Pois em mim não há mais nenhuma mágoa.

Privo meus sentidos da dor
Abro meu peito para o amor
E sinto na excitação o ardor.

Preciso

Preciso de você
Como preciso do sol radiante
Todas as belas manhãs
Preciso do seu sorriso
Para iluminar minhas noites como estrelas
Que antes eram escuras, e eu tinha que viver nelas
Preciso do seu olhar como espelho
Para que eu possa me refletir em você
Preciso do seu cheiro, para guardá-lo na minha lembrança
Naqueles dias em que você não estiver por perto
Preciso da sua boca, para que meus lábios não ressequem
Que eu não tenha abstinência pela falta dos seus beijos
Preciso do seu colo, para que eu nunca mais chore sozinha
Preciso de você, para eu não viver só de lembranças
E sim de esperança!

Sonhar com você

Sonhar com você!
É como não aceitar o fato de só sonhar
E de que o perdi até mesmo nos meus sonhos
É sonhar com um grito de liberdade
A todo o momento em que me lembro da sua face
É falar sozinha olhando a lua
É sofrer em silêncio absoluto
Por um sentimento selvagem
Que um dia foi correspondido
E que não mais acendeu desde então
É como aprender a andar como um bebê
É como respirar e ouvir o mais suave dos cantos
Não conseguir falar por falta de voz
Uma voz que está escondida dentro de mim
E que só sairá quando você me acordar.

Não sei

Não sei se é sua voz
Que ouço quando estou só
Não sei se é uma ilusão
Ou uma fantasia demasiada
Da minha louca imaginação
Para lembrar-se de você
Porque não sei se é amor ainda
Não sei se quando fecho os olhos
Penso em você ou no que quero que você seja
Ou em uma forma de tentar lhe esquecer
Sei que o amo de uma forma estranha
Mas no meu coração e na minha alma tortuosa
Você é um quadro raro
Que minhas economias ainda não alcançaram.

Que saudade!

Que saudade!
Saudade do seu cheiro
Do seu incrível sorriso
Saudade de você por inteiro
Saudade quando não está por perto
E quando abraço meu travesseiro
Saudade porque seu corpo não está aqui
Quando deito e fecho os meus olhos e não durmo direito
Você faz falta, é o complemento da minha vida
Meu ar e minha água
Vida que ainda é vazia porque não o tenho aqui
Tenho sua imagem como uma pintura
E tenho saudade de vê-la por perto
Tenho saudade do que tive e do que não tive
Só tenho saudade, saudade de você!

Amar...

Amar é dar valor às pequenas coisas
Como um beijo e um sorriso
E até mesmo um abraço
É aceitar o outro como é
Fazer questão de fazer o outro feliz sempre
É aprender a cada dia uma nova lição com a vida
É oferecer a outra face para as coisas ruins
E aqueles que não conseguem compreender sofrem
É viver somente para sorrir e chorar também às vezes
Espantar a tristeza que existe nesse mundo vil
É abrir a guarda para a saudade, porque faz parte do amor
Deixar que os sentimentos nasçam naturalmente
Como uma semente que se regada com carinho e cuidado
Se transforma em uma bela árvore.

Cadê você?

Cadê você?
Que já não tenho visto há tempos
Não tenho mais contato com a sua pele
E é a coisa que mais sinto falta
Do contato totalmente impetuoso dos nossos beijos
Dos carinhos que não tive por falta de tempo
Lembro das coisas que fazíamos juntos...
Onde está você?
Que roubou minhas ilusões
Apossou-se de vez do meu coração
Cadê você?
Que é o personagem mais falado das minhas histórias
O protagonista do meu livro
Rei do meu reino
E o raio mais flamejante do sol
Cadê você?

Falta de você

Mais uma noite só
Noite reservada para você
Para eu poder dizer o que está guardado
O que guardei por tanto tempo
Que está mofado de tanto tempo sem ser remexido
Tenho medo de não ser aceita por você
E queria não sentir tanto a sua falta
Sento à beira da janela e fico pensando
O porquê de tanta loucura.
Estou frustrada e sem ideia de como me levantar
O impulso da minha fantasia está se esvaindo
Indo rumo a um rio sem afluentes
E que nesse imenso calor está secando
E a falta dessa água me resseca
Sem um córrego seguro e em declínio
Fico sentindo a falta da chuva
Mas com a promessa de que vai voltar desaguar.

Juro que não queria

Juro que não queria sentir saudade
Queria poder dormir e acordar sem sonhar com você
Queria não sentir tantas coisas abstratas
Como os sentimentos de amor e paixão
Quero guardar somente as coisas boas
Destruir totalmente as ruins da minha trajetória
Quero poder plantar um futuro
Onde no amanhã eu possa colher a paz
Enquanto dura a paixão sem medida ou o amor desordenado
Quero dividir a minha vida com o meu estímulo, que é você
Queria, sim, lhe desejar em outro tempo
Onde fosse mais fácil trazer você pra mim
Afastá-lo da presença do mal que anda ao seu lado
Com a máscara de anjo caído
Mas com a alma negra como a escuridão em que ela vive
Quero lhe salvar de você mesmo
Pois o inimigo maior está dentro de você
Juro que não queria lhe confrontar com a verdade feia
Mas quero, sim, lhe mostrar o caminho da luz.

Não entendo

Não entendo!
Não consigo nem imaginar
Em uma forma de tentar
Descobrir o que se passa na sua cabeça
Disse-me tantas coisas boas e depois sumiu!
Desapareceu da minha vida como fumaça
Sem dar satisfação pelo menos por minha perda
Sem explicar-se
Sem ter a decência e o respeito que mereço
Mas desde agora... O excluo para sempre da minha mente
Peço ao meu coração licença para não sofrer
Peço definitivamente para não passar por isso assim desprotegida
Peço um abrigo à minha alma
E que meu corpo segure as pontas dos meus sentidos
Que estará nesse momento recluso à dor.

Sofrer por você

Nada me faz esquecer você
Nada posso fazer para isso
Quero que meus olhos deixem de chorar
Quero que não derramem mais gotas de águas perdidas
Por alguém em vão
Sofro pela indiferença que tem por mim
Quero aquele enorme desejo de volta
Quero lhe ensinar a me amar novamente
A dar os primeiros passos para um recomeço
Se não quiser recomeçar, damos um ponto final
Damos um fim a uma história não perfeita
Mas que me fará falta por muito tempo
Como dormir de conchinha,
Conversar na cama,
Cantar para você,
Planejar o nosso futuro ou o que era para ser
Mas, enfim, não quero mais sofrer
Por isso não vou desistir de lutar, mas me render.

Queria você aqui

Queria que vivesse aqui
Que por um momento baixasse a guarda
Entregasse as armas e levantasse a bandeira da paz
Se entregasse de uma vez
Por esse sentimento tão intenso, que explode!
Tomar outro curso na história e mudar de livro
Porque as coisas do coração são tão difíceis?
Quero encher você de carinho
Para me entregar totalmente
Quero dar a você esse amor guardado em meu peito
Onde ele mora sozinho e afastado
Quero você entrelaçado em meus braços
Você não precisa fazer nada para me fazer feliz
Você já existir é o suficiente para a vida inteira.

Quem é você?

Quem é você?
Que enche meu coração de esperança
Toda vez que te vejo
Quem é você?
Que me deixa cega de tanto desejo
Quem é você?
Que não consegue enxergar a realidade
Quem é você?
Que enche meu coração de saudade
Quem é você?
Que me tira da realidade não tão clara
Quem é você?
Que eu esperava ser mais fácil de entender
Quem sou eu?
Que aceito tudo que vem de você ser dizer nada.

Você é especial

Você é especial!
Quando me fala coisas boas
Quando me olha nos olhos
Quando nos amamos em silêncio
Quando me toca de surpresa
Quando a tristeza cai sobre meu semblante
E a escuridão tenta me anular da vida
Então ali está você para abrir a janela e deixar o sol entrar
Quero que seja sempre você o meu protetor
Meu escudo na luta do dia a dia
Você que se esconde por trás dessa casca
Para que não vejam o doce que existe em você
Mas eu vi, vi, sim
Vi seu olhar quando me olhou a primeira vez
Sabia que ali encontraria a paz e a segurança
Você é uma alma boa
Uma luz violeta de uma Aura branca
A luz no final de uma rua escura
Por onde passei a vida toda a te procurar.

Não sei por que

Não sei ainda por que vivo assim
Pensando em uma maneira de ficar por perto
Perto desse homem alérgico ao amor
Por que não consigo esquecer você?
Não entendo o motivo de tanto amor
Por alguém que já não ama há tempos
Que não sente falta do calor humano
Do sentimento sincero e honesto
Acha que o envolvimento com o vazio basta
Que a qualidade de amar não existe
Vive embriagado pela droga e por pessoas ruins
Não sei por que se entregar é tão difícil assim!
Quem não queria ter alguém para dividir
Camuflar a dolorosa solidão
A nefasta visão imposta da verdade
Está enfeitiçado pela mentira e pela vaidade,
Só minha mão pode salvá-lo.

Importante para mim

Queria lhe convencer
De que você é importante para mim
Que faz parte hoje e sempre do meu coração
Que mesmo que não fique para sempre
O espaço do meu peito é seu
Que há apenas uma simples coisa que importa
Que realmente me deixa feliz
Tudo combina em você
Seus defeitos, suas qualidades
Seu jeito estranho e único me encantou
Fez com que minha cabeça rodasse
Que minhas emoções ficassem expostas
Você conseguiu me confundir
Iludir-me sem usar as palavras
Entreter-me, como em uma peça teatral
Onde o artista principal é você.

Tristeza

Por que será que existe a tristeza?
Se não me serve para nada
E diminui minha esperança
Como gotas no oceano.

Para que serve a tristeza?
Se os olhos não brilham
E o sorriso se apaga
E o semblante gela.

Para que serve a tristeza?
Se é contrária à bondade
Fere as lembranças saudosas
Diminui a altivez e a beleza.

Para que ser triste?
Se o meu coração é cheio de vida
Não se contenta com o nada
E segue o destino como meta.

Eu quero

Quero poder caminhar pelo parque
Dormir e acordar sobre a grama
Sentir o sol pela manhã
Esquecer de tudo e sonhar.

Quero sentir o cheiro de terra molhada
Quando a chuva cair
Ficar calada ouvindo o canto dos pássaros
E em um lago em frente a uma cabana me banhar.

Quero apenas essas lembranças
Ter sempre muitas esperanças
Sentar à mesa e dar graças
E ver as pessoas sorrindo das minhas palhaçadas.

Quero adormecer escrevendo um livro
Criar versos e frases de amor
Para me livrar do rancor
Acalmar a alma e me livrar do desamor.

Ter você

Ter você!
Foi a única coisa que não consegui ainda
Coisa que por alguma razão não aconteceu por completo
Por algum motivo muito forte
Não tinha que acontecer
Acho que foi melhor assim
Pois nunca poderia me fazer feliz
Por que nunca corresponderia
A todo aquele amor que sentia
Um amor tão cego
Que não enxergava mais nada além de você
Nada que não fosse sobre você
Eu vivia para você e não mais para mim
Esqueci da minha existência por um tempo
Porque a minha vida girava em torno da sua
Agora vivo para mim
E não mais em função de você.

O que faço sem você?

Viver por você
É o que faço desde o momento
Que coloquei os meus olhos em sua direção
Viver para você
É o que faço a partir do dia
Em que me beijou pela primeira vez
Viver com você
É o que faço hoje
Depois de ter tido tanto trabalho
Para conquistar você
Viver para nós dois
É o que sempre esperei da vida
Que mais uma vez
Foi fonte de inspiração
Para eu encontrar a felicidade
No fim do arco-íris
Depois de uma longa tempestade.

O que seria do amor?

O que seria do amor, sem um pouco de loucura e aventura?
Sem as dúvidas contínuas do dia a dia
Sem os sonhos intensos e picantes
E as noites de amor mais enlouquecedoras?
O que seria de nós se o amor não existisse?
Para nos mostrar que a luz que procuramos ainda está lá
Não do jeito que esperamos, mas do jeito que merecemos ver.
Quero ter a chance de aproveitar esse sentimento como nunca
E sentir todas as sensações que possa me proporcionar
Quero me embriagar de amor, para poder vivê-lo.
Quero sentir o fogo e a brisa
A dor e o prazer
E esperar por você, para me curar da ressaca de amar.

Lembrar...

São pedaços de momentos
Que ficam grudados no vento
E dói no peito com o passar do tempo
São emoções, tristezas, amores
Tudo que se refere a sentimento
São vivências especiais e temerosas
Momentos esses que não saem nunca
Da minha cabeça confusa e desordenada
Com coisas boas que ficaram no ar
E por estarem mal resolvidas
Viram imagens imperfeitas e que juntas
Formam uma tela perfeita, a sua.

Que falta me faz

Queria poder deixar de sentir sua falta
Queria não me pegar sempre pensando em você
Sentir o seu cheiro e escutar sua risada
Mesmo quando não o vejo
Não sabia que tinha esse sentimento
Aqui guardado, sem saber o que fazer
Não quero pensar como seria
Mas quero saber como vai ser
Sem promessas ou juras
Quero experimentar o que eu desejo
Para não me arrepender de ter desistido sem tentar.

Meu sentimento

Queria poder te falar o que sinto, sem me envergonhar
Queria te fazer perceber que o que tenho por ti
Não é falta de amor, mas de coragem de dizer o que
                                          sinto sempre
Quero não ter que te magoar toda vez que digo o que penso
E conseguir me expressar de forma diferente
Quero olhar em teus olhos e dizer tudo e não falar nada
Se eu pudesse medir o que falo
Precisaria dar a volta ao mundo
E mesmo assim não teria a medida certa
Desse sentimento que não é nada perfeito
Mas sincero ao extremo de magoar sem querer
Quero você de volta, sem você me temer ou se retrair.
Quero a continuação do que sempre vivemos
Com a intensidade e a alegria que sempre tivemos
Só quero não ter medo de te amar
E não mais espantar ti para longe de mim
Mas para dentro, como se fôssemos um.

Vejo você

Você não é só alguém que entrou na minha vida sem qual
quer motivo
É a presença mais sólida e serena que conseguiu chegar até mim
Foi uma agulha em um palheiro, um grão de areia entre dunas.
Um anjo sem asas, mas para que precisa delas?
Pois já ando nas nuvens quando estou com você
A cor que faltava para completar o meu arco-íris
Pois o que seria da minha vida se não houvesse as cores
Para me fortalecer e dar a energia que preciso para viver
Você é o motivo de inspiração para eu voltar a escrever
sobre o amor
Porque minha inspiração vem da alma
Ela é quem dá vida aos meus sentimentos
Você é um nobre peregrino, que caminhou de longe para
chegar a mim
É um minerador assíduo que não desistiu de encontrar o seu
bem mais precioso
Um cavaleiro que eu esperava desde que ainda tinha toda a
minha inocência
Um labirindo para que eu pudesse encontrá-lo novamente,

O reflexo do que fui, e que não sabia mais como me enxergar
Uma bússola, que me direcionou para o rumo certo desta vez
Poderia ficar dizendo tudo que você significa para mim,
Pelo resto da minha vida sem me cansar
Mas prefiro olhar em seus olhos e lhe dizer
Que não o amo só porque me faz feliz
Mas pelo fato de ver também a felicidade em seus olhos
Porque me sinto especial e completa quando estou perto ou
                                         longe de você
Eu o amo, eu o vejo, e eu o escuto.

Amarei você

Amarei você!
Não pelo o que tenha
Do que poderia ser no futuro
Ou pelo que representa para os outros
O amo pelo que vejo em você
Pelo seu jeito de falar
Como se expressa com sua doce arrogância
Existe algo diferente e irrelevante
Mas de alguma forma me laçou até a sua direção
Amo você por amar e pronto
Sei que nunca diz o que sente por medo
Tem um visível medo dos sentimentos
Precisa iluminar a sua vida
Não quero fazer todas as suas vontades
Mas quero cuidar de você todos os dias
Pelo resto desta minha vida maluca e cheia de emoções.

Minha vida

Minha vida se resume no seu sorriso
Na sua alegria, em te ver feliz
Em te ver sempre animado
Mesmo que o motivo não seja eu
Mas só de ver um sorriso lindo estampado no seu rosto
Já me faz feliz! Quero toda a felicidade do mundo para você
Se estiver com outra pessoa, paciência
Um dia vai acordar e entender que o amor é difícil às vezes
Pois o que importa realmente é entender sozinho
Procurar dentro de você o que há de mim lá no fundo
Eu existo em um mundo diferente de mim
E sinto como se eu vivesse em outra época
Por isso é doloroso viver onde não estou acostumada
Minha vida é nefasta e doce
Pois espero demais dos outros que amo
Lembre então que qualquer esforço é válido
Pois faço o que precisar para te ter comigo
Não só por um dia, mas pelo resto da minha eternidade
Quero acordar do seu lado

Levar-te café na cama
Dizer todos os dias o que significa para mim
O quanto é importante a sua presença na minha vida
Como eu te amo, meu amor
Quero que acredite nas minhas palavras porque são incontestáveis
Escrevo porque não tenho coragem para te dizer
Olhar no fundo dos seus olhos e cravar essa estaca em seu peito
Sei que será um susto, mas não uma novidade
Talvez terei coragem, um dia!

Hoje encontrei você novamente

Hoje encontrei você novamente!
Olhei atentamente para você
E percebi que ainda tem alguma coisa para me dizer
Não sei o que é, mas a curiosidade me abala
Acho que vou descobrir logo
Tenho muitas perguntas também para lhe fazer
E sei! Que muitas delas não vai responder
Não tenho mais como provar o que sinto
Se já com palavras não tenho como explicar
E mesmo assim vou tentando
O encontrei novamente por várias vezes
Mas a coragem sumiu da minha forte personalidade
Escondeu-se dentro da cabana, no interior da minha mente
E só sai de lá quando a certeza for buscá-la
Hoje não encontrei você!
Porque não consigo mais achá-lo
Estou esperando apenas uma oportunidade
Para mostrar o que meu coração não consegue dizer.

É meu em pensamento

Queria que fosse só meu
Não queria dividi-lo com ninguém
Queria poder acordar com você
E chamá-lo de meu, sabendo que ninguém iria roubá-lo de mim
Queria que estivesse me esperando, apenas por mim nesta vida
Queria poder resolver com você os seus problemas
Compartilhar suas tristezas e superá-las quando possível
Queria lhe fazer entender que precisa se limpar do mal
Quero que veja o homem especial e bom que enxergo em você
Quero que a intensidade que usa em seu trabalho
Seja canalizada para consertar sua vida castigada
Queria que entendesse que o dinheiro não é o mal, mas é
parte dele
A ambição de qualquer forma é ruim
Ela ingere em seu organismo sensível a má fé
Faz com que seus órgãos se transformem em objetos
Que você veja sua vida como uma passagem sem valor
Você é a razão do meu pensamento voar
E não quero que ele se afaste de mim!

A vida

A vida é inexplicável
 Dá-nos a felicidade e depois nos tira,
Sem ao menos sabermos o motivo
Mas, como tudo na vida tem uma explicação, é só esperar
Alguma coisa que explique, porque acontecem as coisas neste mundo
Dá-nos o que queremos, mas temos um preço grande a pagar
Tão louca e objetiva que complica a nossa mente
De onde nasce essa vida que levamos?
Por que sempre temos que trilhar esses caminhos difíceis?
Quero mais da minha vida esquisita
Quero criar e escrever sobre tudo
Cantar e pular quando eu quiser
Quero me embrulhar e me desembrulhar como presente
E, sim, sou um presente doa a quem doer.

Estranha reação

Sinto-me estranha...
Parece que estou amando novamente
Mas de um jeito mais puro
Jeito esse romântico
Como se fosse a minha primeira paixão
Parece ser umas dessas surpresas do destino
Esse destino que quando menos esperamos está lá à nossa espera
Nos pega desprevenidos de um jeito que não dá para fugir
Que tenta desviar a nossa atenção daquilo que não é pertinente
Que nós insistimos em teimar por vaidade
O jeito é relaxar e confiar na razão para esses assuntos da mente
Aproveitar os bons momentos e se jogar
Esquecer as dores da alma porque elas cicatrizam com o tempo
Não iludir o outro com promessas vazias
Melhor! Não fazer promessas que não podemos cumprir
Que estranha reação é essa que me propõe o tempo todo
                                          em lhe ver
Que não passa um minuto sem me mostrar sua imagem
Que insiste continuamente em lhe chamar
Que estranha reação é essa que estou sentindo por você?

Amor e ódio

Sinto muito em perder a coisa que eu mais amava no mundo
A pessoa que nunca quis desprezar um dia
Agora me vejo presa a um sentimento horrível e insensível
E até mesmo impuro, que é o ódio que sinto agora
Por alguém que eu amava muito e me desmereceu
Acabou com a minha confiança e destruiu as ilusões
Acabou com os planos que eu havia feito para o futuro
Um dia pensei em ter você para ser meu par
Era minha esperança de vida, e que vida!
Mas acabou com a possibilidade de te amar
Quero tirar de mim esse sentimento de ódio que me corrói
E tentar oferecer todo o amor contido que tenho
A felicidade que eu guardava pra dividir com você
Quero dar o que tenho de melhor para quem merece
Não vou desistir do amor porque o ódio me tocou
Não vou desistir da felicidade que bate à minha porta
Vou espantar o ódio com o amor, e novamente amar.

Quero te falar de sonhos

Quero te falar de sonhos...
Só que em nenhum momento
Consigo realizar os meus
Queria te falar de futuro
Mas de um futuro próximo
Onde você possa estar ao meu lado
Um futuro onde eu pudesse tomar conta do meu caminho
Onde eu pudesse tomar as rédeas da minha vida e me
                                    incluir na sua
Quero te falar de sonhos...
Quero te dar banho,
Levar-te café na cama,
Cobrir-te de amor,
E te envolver com ardor
Dormir e acordar no mesmo lugar
Recitar versos de amor que fiz para ti
Quero saber tua cor preferida
O que gosta de comer
E saber o que dizer quando a distância me faz sentir saudade
Deixa eu te falar de sonhos para que possa comigo sonhar.

Um novo dia chuvoso

Estava chovendo hoje
Eu tinha acabado de acordar
Eu senti que você iria passar
Não me pergunte como
Mas sinto quando você está por perto
Tomara que essa chuva não pare
Para você se abrigar dela na minha calçada
Então o chamo pela janela, e você sobe
Para deitar na minha cama
Aqueço-lhe, pois está gelado e molhado da chuva
Estou junto a você enfim tocando o seu corpo
Parada, o olhando, e pensando! Que sorte!
Bendita chuva! Que trouxe meu homem até aqui
Esse homem que desejo tanto
Preciso desse corpo quente em mim colado
Palavras não saem da minha boca porque falta a voz
Fecho os olhos, apago a luz e deixo o prazer me levar.

Esperança da minha vida

Você é o que eu esperava para minha vida
O que eu sonhava ter um dia
De um jeito ou de outro seria você
Caminho traçado no meu destino
Que agradeço a Deus todos os dias
Saído de um caminho desconhecido
À procura da minha alma, que é gêmea da sua
Obrigado por me dar a chance de conhecer você nesta vida
Mesmo com toda a dificuldade que para mim é válida
Porque sou estimulada por desafios difíceis
A liberdade com que vive me assusta às vezes
Tento não me preocupar e pensar que será diferente comigo
Nunca saberia se eu não tentasse, e não me arrependo
Torço por um desfecho feliz para nossa história
Tenho uma grande e saudável esperança em você
Dane-se se não for perfeito, mas será real.

Minha Mãe

Minha mãe querida
Rainha da minha vida
Referência de uma grande guerreira, neste mundo nascida

Ultrapassou os limites do sofrimento
Nunca mostrou nenhum lamento
Pisou com os pés no chão firmemente e engoliu calada o choro

Valente por conta própria
E seguidora de seus princípios na vida
Sempre se levantou quando se via ferida

Cobriu-me de amor, me vestiu e me calçou
Ensinou-me o certo, e meus erros apontou
Seu segredo é caráter, que com ele Deus te abençoou

Sou vida da sua vida
Pedaço do seu pedaço
Mas meu coração é seu, que bate por ti a cada compasso.

Vou descrever você...

Um homem que não teme o que vem pela frente,
Mas espera sempre o que há de melhor.
Uma pessoa cheia de sonhos, como todo mundo!
Mas que se destaca na multidão por alimentá-los com todo o fervor.
Uma criança em um corpo de adulto,
Que faz pirraça e muda o rumo do nada,
Mas por que ouve sempre a sua intuição quando dá, não é?
Você não foi o único na minha vida, mas foi, com certeza,
O único que se apossou com toda a sua força dos meus sentimentos.
Esforçou-se para me compreender,
O que é uma missão quase impossível.
Retalhou o escudo que havia em mim como um guerreiro!
Acertou a espada do amor em meu coração.
É uma das pessoas em que mais confio no mundo inteiro de
                                                            olhos fechados.
É o meu porto seguro.
É a forma mais inesquecível de aprender a amar!
Somos imbatíveis juntos.
Por isso nos reencontramos nesta vida e nas outras.

Meus tesouros

São vocês que tiram o meu sono
Todos os dias da minha vida
Tanto que tenho até pesadelo.

São parte de mim e da minha alma
Ao ponto de sentir as dores de vocês
Mas a mão de Deus me acalma.

Sofro calada de longe
Vendo vocês crescerem
Não sou dona de vocês, quem me dera se eu fosse.

Amo um amor indecifrável
Sob humano, desenfreado
Mais acima de tudo infalível.

Amo ver seus sorrisos
Mas não suas lágrimas
Infelizmente não controlo seus erros.

Mas nunca vão se livrar desse amor
Exagerado, controlador, enigmático
Toma conta de mim, que até sinto seu calor.

Amor de mãe é imperfeito e sem medida
Como uma flecha sem direção
Que feri o coração sem aviso, machuca.

Mas também é proteção a toda hora
Do anoitecer à aurora
Que se tem a jato, e jamais a chegar demora.

Este livro foi composto
em Electra LT pela Editora
Autografia e impresso em
papel offset 75 g/m².